W0273089

Erna Prettenhoffer

Materialien und Kopiervorlagen
zur Klassenlektüre

Barbara Wendelken

OSKAR
der Superdetektiv

Hase und Igel®

Inhalt

MIX Papier FSC® C130643 www.fsc.org

Druckprodukt CO₂ kompensiert klima-druck.de ID-Nr. 24173238 VDM+

Mehr Informationen zur Berechnungsmethodik, zur Kompensation und dem gewählten Goldstandard-Klimaschutzprojekt finden Sie unter klima-druck.de/ID.

80797 München, service@hase-und-igel.de
www.hase-und-igel.de
Illustrationen: Susanne Bochem
Druck: Joh. Walch GmbH & Co. KG, Im Gries 6,
86179 Augsburg, kontakt@walchdruck.de

ISBN 978-3-86760-338-6
4. Auflage 2025

Das Buch

Mit diesem humorvoll erzählten Kinderkrimi lernen bereits Schüler ab der zweiten Klasse Barbara Wendelkens beliebte Oskar-Figur kennen und lieben. Auch leseschwächeren Drittklässlern kommen die große, leicht zu lesende Schrift, die einfache Sprache und der überschaubare Umfang des Buches entgegen. Wie in den längeren Oskar-Krimis „Oskar unter Verdacht“, „Oskar und die Giftaffäre“ und „Oskar und die falschen Weihnachtsengel“ bieten die spannenden Ermittlungen von Oskar und seinen Klassenkameraden Fabio, Jessica und Marina zahlreiche Identifikationsmöglichkeiten und Anknüpfungspunkte für interessante Unterrichtsgespräche.

Oskars Mutter reist für ein Wochenende nach Berlin zu einer Hochzeit. Oskar möchte nicht mitfahren und sein Vater hat keine Zeit, auf ihn aufzupassen. Mit vielen Ermahnungen und der Anweisung, während der Abwesenheit seiner Mutter keine „Ermittlungen“ durchzuführen, bleibt Oskar schließlich allein zu Hause.

Oskar nutzt seine Freiheit sofort: Er steckt Geld ein sowie das goldene Armband seiner Mutter, das er zum Juwelier bringen soll, und fährt in die Stadt. Nach einem Schaufensterbummel kauft er sich in einem Imbiss etwas zu essen. Während er isst, nimmt ein fremder Junge seine Jacke vom Stuhl und zieht sie über. Oskar entreißt sie ihm wütend. Er ist froh, dass der Junge und das Mädchen, das ihn begleitet, den Imbiss kurz danach verlassen.

Als Oskar auf dem Marktplatz den Musikanten zuhört, bemerkt er, dass sein Geldbeutel weg ist. Er sucht ihn im Imbiss und auf der Straße, doch vergeblich. Zu Hause stellt er dann auch noch fest, dass das goldene Armband seiner Mutter fehlt. Er ist sich jetzt sicher, dass er bestohlen wurde – wahrscheinlich von den beiden Kindern aus dem Imbiss!

Am nächsten Tag bittet Oskar seine Klassenkameraden Fabio, Jessica und Marina, ihm bei der Suche nach den Dieben zu helfen. Sie haben nur wenig Zeit, da er das Armband bis zur Rückkehr seiner Mutter wiederhaben muss. Oskar weiß nur den Namen des Mädchens, das den Jungen begleitet hat: Ilona. Nach einigen Überlegungen kommen die Kinder zu dem Schluss, dass die beiden unbekannten Kinder die Grundschule am Hirtenweg besuchen müssen. Jessica besorgt von ihrer Cousine die Adresse einer Ilona. Diese ist zwar nicht das Mädchen, das sie suchen, kann den Detektiven aber mit wichtigen Informationen weiterhelfen.

Als sie die gesuchte Ilona endlich antreffen, holt sie ihren großen Bruder Stefan. Der streitet ab, Oskars Geld und Armband gestohlen zu haben, und knallt die Tür zu. Die Situation erscheint ausweglos, doch dann läuft Marina nochmals zu Stefan zurück: Sie hat bemerkt, dass Stefan wusste, dass es bei dem Diebstahl um Geld und ein Armband ging, obwohl Oskar beides nicht erwähnt hatte. Stefan sieht noch immer nicht ein, dass er etwas Unrechtes getan hat, doch seine Schwester gibt Oskar schließlich das restliche Geld und das Armband zurück.

Oskar freut sich, dass er den Fall gelöst hat. Aber seine Freunde machen ihm klar, dass sie es waren, die die entscheidenden Hinweise für die erfolgreiche Lösung lieferten. Oskar muss schweren Herzens erkennen, dass sein Beitrag zu diesem Fall darin bestand, dass er sich hat bestehlen lassen.

Am Sonntagabend kommt Oskars Mutter nach Hause und freut sich über ihren braven Sohn, der bereits schläft. Da das Armband auf dem Tisch liegt, ist sie der Meinung, dass Oskar vergessen hat, es zum Juwelier zu bringen.

Das Material

Das vorliegende Unterrichtsmaterial ist in einen Lehrerteil (bis Seite 11) und die daran anschließenden Kopiervorlagen gegliedert. Im Lehrerteil finden Sie zu jedem Kapitel der Lektüre neben einer kurzen inhaltlichen Zusammenfassung Anregungen für Unterrichtsgespräche sowie Anmerkungen zum Einsatz der Kopiervorlagen.

Auf den Kopiervorlagen setzen sich die Kinder auf vielfältige Weise mit dem Text auseinander. Sie bieten zahlreiche abwechslungsreiche und spielerische Aufgaben zur Überprüfung des Leseverständnisses, greifen die Inhalte der einzelnen Kapitel auf und vertiefen sie.

Jede Kopiervorlage ist oben mit einer Symbolleiste versehen, die auf einen Blick deutlich macht, welche Schüleraktivitäten hier – über das genaue Lesen des Buchtextes hinaus – gefordert werden:

1. Kapitel: Endlich mal allein

Inhalt

Katharina Nusspickel, Oskars Mutter, fährt übers Wochenende nach Berlin. Da Oskar nicht mitfahren möchte und auch sein Vater keine Zeit hat, auf seinen Sohn aufzupassen, wird er allein zu Hause bleiben.

Oskars Mutter ist deshalb sehr besorgt und hat vor ihrer Abreise eine Liste mit zahlreichen Anweisungen geschrieben. Sie kennt auch Oskars Vorliebe, sich als Detektiv zu betätigen, und verbietet ihm während ihrer Abwesenheit „Ermittlungen" durchzuführen. Sie bittet ihn noch, ein goldenes Armband, das ihr kaputt gegangen ist, zum Juwelier zu bringen, und verabschiedet sich.

Gesprächs- und Schreibanlässe

Oskars Mutter verreist und Oskars Vater hat keine Zeit, auf ihn aufzupassen.

- Was machen deine Eltern, wenn sie auf dich nicht aufpassen können? Kommt jemand zu Besuch? Gehst du zu Verwandten, Freunden ...?
- Warst du schon einmal allein zu Hause? Warum? Wie hast du dich dabei gefühlt? Was hast du in dieser Zeit gemacht? Schreibe dazu eine Erlebniserzählung.

Ein Detektiv ist ein privater Ermittler, der – meist im Auftrag – Informationen bzw. Beweismaterial beschafft.

- Welche berühmten Detektive aus Büchern und Filmen kennst du? (Sherlock Holmes, Miss Marple ...) Kennst du auch „Kinderdetektive"? (TKKG, Die drei ??? ...)
- Kennst du eine Detektivgeschichte? Erzähle sie.
- Hast du schon einmal Detektiv gespielt und einen Fall gelöst? Berichte.

Zu den Kopiervorlagen

KV Seite 12

Oskar allein zu Haus
Mit dieser Kopiervorlage wird das Leseverständnis des 1. Kapitels überprüft. Die Buchstaben der richtigen Antworten ergeben von oben nach unten das Lösungswort „Detektiv".

KV Seite 13

Sorgen einer Mutter
Eltern machen sich Sorgen, wenn ihre Kinder unbeaufsichtigt sind, denn Kinder können Gefahren oft nicht rechtzeitig erkennen. Auf der Kopiervorlage werden den Schülern die Bedenken von Oskars Mutter aufgezeigt. Dabei tragen sie die fehlenden Wörter in die Gedankenblasen ein. In einem Unterrichtsgespräch wird der Frage nachgegangen, ob die Sorgen berechtigt sind.

Ausgehend von der Lektüre sollen die Kinder ihre eigenen Eltern befragen und deren Sorgen eintragen.

2. Kapitel: Grenzenlose Freiheit

Inhalt

Oskar freut sich über seine soeben erlangte Freiheit. Er steckt das Geld, das ihm seine Mutter gegeben hat und von dem er sich etwas zu essen kaufen will, sowie das goldene Armband, das er zum Juwelier bringen soll, in seine Jackentaschen und zieht los. Da sein Freund Fabio nicht auf dem Skaterplatz ist, sieht er den Jugendlichen eine Weile bei ihren Skateboard-Sprüngen zu. Danach radelt er in die Innenstadt, wo er in einem Kaufhaus aus Langeweile Skaterschuhe anprobiert.

Dort trifft er Jessica, ein Mädchen aus seiner Klasse. Sie und ihre Freundin Marina findet Oskar albern und lästig, da sie ihm ständig bei seiner Arbeit als Detektiv helfen wollen. Zum Glück muss Jessica nach Hause, Oskar dagegen kann in der Stadt bleiben, solange er will.

Gesprächsanlässe

So frei hat Oskar sich noch nie gefühlt.

- Kennst du dieses Gefühl der „grenzenlosen Freiheit" auch? Was bedeutet für dich Freiheit?
- Bei welcher Gelegenheit verspürst du dieses Gefühl?
- Was machst du dann?

Oskar fährt zuerst auf den Skaterplatz.

- Gibt es in deiner Umgebung einen Skaterplatz? Wer trifft sich dort?
- Fährst du Skateboard? Warum? Was kannst du mit dem Skateboard?

Später geht Oskar ins Kaufhaus und probiert alle Skaterschuhe in seiner Größe an.

- Kennst du das Gefühl der Langeweile?
- Was machst du, wenn du dich langweilst?

Zu den Kopiervorlagen

KV Seite 14

Frei wie ein Vogel
Die Textstelle auf Seite 11, in der zum Ausdruck kommt, worin Oskars grenzenlose Freiheit besteht, wird nochmals gelesen und anschließend auf das Arbeitsblatt übertragen. Gegebenenfalls werden die Wörter „kontrollieren“ und „Fernsehapparat“ zuvor noch einmal rechtschriftlich gesichert. Das kann mithilfe eines kleinen Spiels, bei dem die Kinder die Wörter aus den vorgegebenen Buchstaben richtig zusammensetzen, erfolgen.

Zur Sicherung des Textverständnisses ergänzen die Schüler in der zweiten Aufgabe die fehlenden Wörter und finden das Lösungswort.

Lösung
Aufgaben 2 und 3:

S K A T E R[2] P L A T Z
F[1] A B I O
I N N E[3] N S T A D T
S C H[5] A U F E N S T E R
S K A T[8] E R S C H U H E
J E S S I[7] C A
H I[4] L F E
K L E[6] T T E N

Lösungswort: FREIHEIT

KV Seite 15

Oskars Knobelaufgaben
Auf dieser Kopiervorlage befinden sich zwei Aufgaben, die zur Differenzierung eingesetzt werden können. Sie eignen sich für Schüler, die eine gemeinsame Arbeit schnell beendet haben, oder auch als weiterführende Aufgaben für die Freiarbeit.

Lösung Knobelaufgabe 1

20-Euro-Schein	10-Euro-Schein	5-Euro-Schein
1	1	0
1	0	2
0	3	0
0	2	2
0	1	4
0	0	6

Lösung Knobelaufgabe 2
1. Oskar kann die Mädchen nicht loswerden. Die Mädchen lassen sich von Oskar nicht abschütteln.
2. aufdringlich
3. Eine Pflanze.

Information für Lehrer
Die Klette gehört zur Familie der Korbblütengewächse. Sie kommt mit wenig Erdreich aus und ist deshalb auch an Wegrändern, Schuttplätzen oder Bahndämmen zu finden. Die Pflanze wird 50 bis 120 cm hoch, die Blätter sind herz- oder eiförmig. Die Klette blüht von Juli bis September mit kugeligen, bläulich-roten Blütenköpfen. Die äußeren Blütenblätter haben hakenförmige Spitzen, mit denen die reifen Blüten am Fell von Tieren oder an Kleidung haften bleiben. Auf diese Weise werden die Samen der Klette verbreitet.

Die Klette ist übrigens das natürliche Vorbild für den Klettverschluss, der im Jahr 1951 von dem Schweizer Georges de Mestral erfunden wurde.

3. Kapitel:
Ein Hamburger und eine Cola

Inhalt

In einem Imbiss bestellt Oskar einen Hamburger und eine große Cola. Während er auf den Hamburger wartet, zählt er sein Geld. Ein Junge, den Oskar nicht kennt, beobachtet ihn dabei und macht sogleich laut auf Oskars Geld aufmerksam. Oskar bezahlt hastig, steckt seinen Geldbeutel wieder in die Jackentasche und hängt die Jacke über die Stuhllehne. Kurze Zeit später setzen sich der Junge und das Mädchen, das ihn begleitet, an den Nebentisch. Plötzlich greift der Junge nach Oskars Jacke und zieht sie über. Oskar entreißt ihm wütend die Jacke und legt sie daraufhin über seine Knie. Er ist froh, als die beiden gleich danach den Imbiss verlassen.

Nach dem Essen geht Oskar auf den Marktplatz. Als er den Musikanten 50 Cent für die schöne Musik geben möchte, bemerkt er, dass sein Geldbeutel verschwunden ist.

Gesprächsanlass

Oskars Geldbeutel ist nicht mehr in seiner Jackentasche. Das Geld ist verschwunden.
- Hast du schon einmal etwas Wichtiges (z. B. Geld, Schlüssel) verloren? Erzähle.
- Wie hast du dich dabei gefühlt?
- Hast du es wiedergefunden? Wo und wie?

Zur Kopiervorlage

KV Seite 16 **Zwei Unbekannte**
Die Kärtchen enthalten alle Textstellen aus dem Kapitel, in denen der Junge und das Mädchen beschrieben werden. Sie werden ausgeschnitten, der passenden Person zugeordnet, kontrolliert und dann aufgeklebt.

Weiterführende Anregungen

Eine Szene nachspielen
Die Szene im Imbiss eignet sich gut zum Nachspielen.
- Lest das 3. Kapitel vom Anfang bis Seite 20 („Der blonde Junge und das rothaarige Mädchen gingen.") mit verteilten Rollen.
- Spielt die Szene nach. Ihr braucht: Oskar, den Jungen, das Mädchen und eventuell die Imbissverkäuferin.

Pro und kontra Schnellimbiss
Viele Kinder würden sich in Oskars Situation sicherlich auch für einen Schnellimbiss entscheiden. Dennoch sollte man die Kinder darauf aufmerksam machen, dass diese Art der Ernährung die Ausnahme sein sollte.
- Welche Arten von Schnellimbiss kennst du? (Hamburger, Pommes frites, Fischsemmel, Würstchen …)
- Was isst du davon gerne? Wie oft in der Woche? Was kostet es? Bist du danach satt?

Vielleicht können als Unterrichtsprojekt einfache Alternativgerichte gemeinsam ausprobiert werden, die lecker schmecken und von den Kindern auch zu Hause selbst zubereitet werden können.

4. Kapitel: Wo ist der Geldbeutel?

Inhalt

Oskar sucht fieberhaft nach seinem verschwundenen Geldbeutel. Er läuft zum Imbiss zurück, sieht dort am Boden nach und fragt die Frau, die dort arbeitet. Nichts. Er geht nochmals den Weg zum Marktplatz, aber auch hier findet er seinen Geldbeutel nicht.

Als er schließlich traurig zu Hause ankommt, ruft seine Mutter an. Sie ist wütend, weil Oskar zur vereinbarten Zeit nicht zu Hause war. Mit vielen Ausreden besänftigt Oskar sie.

Dann fällt ihm plötzlich auf, dass auch das Armband seiner Mutter weg ist. Er ist sich jetzt sicher, dass er bestohlen wurde. Nach einigen Überlegungen kommt er zu dem Schluss, dass der Junge und das Mädchen im Imbiss die Täter sein müssen.

Gesprächsanlässe

Als Oskar nach Hause kommt, ruft seine Mutter an.
- Warum ist sie so wütend?
- Warum ist es wichtig, sich an Abmachungen zu halten?
- Hast du dich schon einmal nicht an eine Abmachung gehalten? Erzähle.
- Oskar erfindet viele Ausreden. Warum will er nicht die Wahrheit sagen?
- Lest das Gespräch zwischen Oskar und seiner Mutter mit verteilten Rollen und spielt es nach.

Das Armband von Oskars Mutter ist ein Familienerbstück.
- Was bedeutet „erben"?
- Gibt es in deiner Familie ein Familienerbstück? Frage deine Eltern. Was ist es? Wie sieht es aus?
- Warum hält man ein Familienerbstück in Ehren?

Zur Kopiervorlage

KV Seite 17 **Was für ein schrecklicher Tag!**
Auf dieser Kopiervorlage werden die einzelnen Stationen von Oskars Suche nach seinem Geldbeutel nachvollzogen. Die Kinder wählen jeweils die passende Antwort aus und tragen sie in die Lücke ein.

Lösung
Aufgabe 3:
Oskars Uroma

Weiterführende Anregung

Ein Phantombild
Mithilfe der Kopiervorlage „Zwei Unbekannte" (S. 16) verschaffen sich die Kinder nochmals einen Überblick über alle Informationen, die Oskar zu den beiden Unbe-

kannten hat. Die Informationen, die wichtig sind, um die beiden wiederzufinden, werden angekreuzt oder angemalt.

Im Kunstunterricht können die Schüler von den beiden Kindern Phantombilder malen. Dabei können sie sich an den Zeichnungen aus der Lektüre orientieren oder völlig neue Gesichter entwerfen. Auf jeden Fall sollen sie die bekannten Details beachten.

5. Kapitel: Ein neuer Fall

Inhalt

Am nächsten Morgen telefoniert Oskar wie versprochen mit seiner Mutter, die zum Glück nur wenig Zeit hat und erleichtert ist, dass es Oskar gut geht. Als Nächstes ruft Oskar bei Fabio an. Er bittet ihn, zu ihm zu kommen, um einen neuen Fall zu lösen. Als Fabio eintrifft, schildert Oskar ihm, was am Vorabend passiert ist. Schnell sind sich die beiden einig, dass sie den schwierigen Fall bis zur Rückkehr von Oskars Mutter nicht allein lösen können. Deshalb ruft Fabio bei Marina an und bittet sie und ihre Freundin Jessica um Hilfe. Währenddessen will Oskar alles, was er über die Täter weiß, aufschreiben. Doch als Marina und Jessica wenig später seine Notizen lesen, steht auf dem Zettel nur der Name „Ilona". Nachdem Oskar die Mädchen über den Fall informiert hat, machen sie genau das, was ihn an den beiden so stört: Sie nerven ihn mit ihren guten Ratschlägen.

Gesprächsanlass

Marina sagt: „Ehrlich währt am längsten. Sagt meine Oma immer."

- Was bedeutet dieses Sprichwort?
- Was ist ein Sprichwort? (eine kurze, manchmal bildhafte Formulierung einer Lebensweisheit)
- Kennst du weitere Sprichwörter?
- Warum nerven Oskar die Ratschläge der Mädchen? (Er muss sich insgeheim eingestehen, dass sie mit ihren Ratschlägen recht haben und er nicht immer der „Größte" ist.)

Zu den Kopiervorlagen

KV Seite 18

Wichtige Telefongespräche
In diesem Kapitel werden drei Telefonate geführt. Als Überprüfung des Textverständnisses (S. 31) kreuzen die Schüler an, warum Oskars Mutter keine Zeit für ein längeres Gespräch hat.

Als Nächstes ruft Oskar bei Fabio an, der nur an ein ausgiebiges Frühstück denkt. Die Schüler sollen für ihn ein Frühstück zusammenstellen. Dabei können sie die abgebildeten Nahrungsmittel aufschreiben oder eigene Ideen einbringen. Gegebenenfalls sollten die Wörter rechtschriftlich an der Tafel gesichert werden.

Schließlich telefoniert Fabio noch mit Jessica und Marina. Marinas guter Ratschlag („Ehrlich währt am längsten.") wird in der Sprechblase ergänzt.

KV Seite 19

Sprichwörter und Redewendungen
Die Schüler sollen den Sprichwörtern und Redewendungen jeweils die passende Bedeutung zuordnen. Die aneinanderpassenden Schnittstellen zwischen den Textstreifen dienen als Hilfe und Selbstkontrolle.

Weiterführende Anregung

Ein gemeinsames Frühstück

- In Gruppen überlegen die Kinder, was zu einem guten und gesunden Frühstück gehört.
- Sie besprechen, wie man einen Frühstückstisch deckt, damit er einladend aussieht (schönes Geschirr, Servietten, Kerzen, Blumen …).
- Sie legen fest, wer welchen Beitrag zum Gelingen des Frühstücks leistet.

6. Kapitel: Erste Ermittlungen

Inhalt

Die vier Kinder beginnen mit ihren Ermittlungen im Imbiss. Dort fragen sie die Frau, die dort arbeitet, nach dem Jungen und dem Mädchen, doch sie kann ihnen nicht weiterhelfen. Fabios Vorschlag, zur Polizei zu gehen, wird von den anderen abgelehnt, da Oskars Mutter nichts von der Sache erfahren darf und Oskar keine Beweise hat.

So setzen sie sich auf den Brunnen am Marktplatz und halten nach den beiden mutmaßlichen Tätern Ausschau. Nach einigen Überlegungen kommen die Kinder zu dem Schluss, dass der blonde Junge und das rothaarige Mädchen die Grundschule am Hirtenweg besuchen müssen. Jessica wird deshalb ihre Cousine Katja, die dort zur Schule geht, anrufen und fragen, ob sie eine Ilona kennt. Die Kinder verabreden sich wieder für den Nachmittag.

Gesprächsanlass

Sprich mit deinen Eltern über ihre Arbeit.
- Gefällt ihnen ihre Arbeit?
- Was stört sie an ihrer Arbeit?
- Was wäre ihr „Traumjob"?
- War es für sie schwierig, eine Arbeit zu bekommen?
- Welche Ausbildung braucht man, um diese Arbeit machen zu können?

Zu den Kopiervorlagen

KV Seite 20

Erste Detektivarbeit

Nachdem die Schüler das Kapitel gelesen haben, werden die einzelnen Schritte, die die vier Kinder unternommen haben, noch einmal mündlich wiederholt. Jetzt können sie auf dieser Kopiervorlage die fehlenden Wörter ergänzen. Die Silben sowie die Geheimschrift dienen dabei als Hilfe. Anschließend werden die Sätze mit Zahlen in die richtige Reihenfolge gebracht.

Lösung

7. Sie vermuten, dass der Junge und das Mädchen die Grundschule am Hirtenweg besuchen.
3. Zuerst gehen sie in den Imbiss.
5. Doch Oskar hat keine Beweise.
6. Sie setzen sich auf den Brunnen am Marktplatz.
4. Fabio möchte zur Polizei gehen.
1. Sie beschließen mit den Fahrrädern in die Innenstadt zu fahren.
8. Jessica will ihre Cousine Katja anrufen, ob sie eine Ilona kennt.
2. Sie können sich nicht trennen, da nur Oskar weiß, wie die Täter aussehen.

KV Seite 21

Arbeit über Arbeit

Ausgehend von den Bildern, auf denen verschiedene Tätigkeiten der Frau im Imbiss dargestellt sind, bilden die Kinder mit den Verben „putzen", „zubereiten" und „kassieren" kurze Sätze, die sie rechts notieren.
- Die Frau im Imbiss muss Tische, Stühle, Regale, Bänke, den Boden … putzen.
- Sie muss Hamburger, Pommes, Sandwichs, Salate … zubereiten.
- Sie muss von den Kunden das Geld kassieren.

Die Schüler werden dann aufgefordert, ihre Eltern nach den Tätigkeiten an ihrer Arbeitsstelle zu befragen und diese aufzuschreiben.

7. Kapitel: Die falsche Ilona

Inhalt

Jessica hat von ihrer Cousine Katja die Adresse einer Ilona Matzke bekommen. Die vier Detektive gehen sofort in den Gärtnerweg 17 und Oskar klingelt an der Tür. Ein kleines, schwarzhaariges Mädchen öffnet. Es ist Ilona Matzke, aber sie ist nicht das Mädchen, das sie suchen. Oskar erzählt ihr von dem Diebstahl und dass er jetzt eine rothaarige Ilona sucht. Die falsche Ilona kann ihnen aber helfen: Sie kennt die gesuchte Ilona und weiß auch, dass der blonde Junge Ilonas Bruder ist. Sie glaubt allerdings nicht, dass Oskar von diesem Jungen das Armband wieder zurückbekommen wird. Oskar ist verzweifelt, doch Fabio, Jessica und Marina versprechen ihm, ihn nicht im Stich zu lassen.

Gesprächs- und Schreibanlass

Oskar ist am Ende des Kapitels ziemlich verzweifelt.
- Was tut und sagt Fabio?
- Wie verhalten sich die beiden Mädchen? Warum ist Oskar darüber überrascht?
- Warst du schon einmal so verzagt und verzweifelt wie Oskar? Warum? Wer hat dich dann getröstet und unterstützt? Schreibe deine Erlebnisse auf.

Zur Kopiervorlage

KV Seite 22

Auf falscher Spur

Auf dieser Kopiervorlage sammeln die Schüler alle Informationen zu Ilona Matzke, die sie auf den Seiten 47 bis 49 erhalten. Die fehlenden Wörter stehen in Spiegelschrift unter den Sätzen. Schließlich bringen sie die Wörter der guten und der schlechten Nachricht in die richtige Reihenfolge und schreiben sie auf.

8. Kapitel: Oskar gibt nicht auf

Inhalt

Die falsche Ilona gibt Oskar und seinen Freunden viele wichtige Informationen: Sie kennt Ilonas Nachnamen und die Straße, in der sie wohnt. Nun beraten die Kinder, wie sie vorgehen sollen, um Oskars Geld und Armband wieder zurückzubekommen. Sie haben verschiedene Vorschläge, doch keiner davon ist durchführbar. Schließlich bedanken sich die vier Kinder bei Ilona für ihre Hilfe und verabschieden sich.

Gesprächsanlässe

Die falsche Ilona sagt: „Mit dem Vater ist nicht gut Kirschen essen."
- Was bedeutet diese Redewendung?

Fabio meint nachdenklich: „Stell dir vor, die haben das Armband gar nicht mehr. Vielleicht haben sie es schon verkauft."
- Wie verhält sich Oskar? Warum tut er das?
- Spielt diese Szene nach.

Zu den Kopiervorlagen

KV Seite 23

Ilona kann helfen
Die Schüler lesen die Textstelle auf den Seiten 54/55 und achten auf die Informationen, die die falsche Ilona geben kann. Dann kreuzen sie die Wörter an, die in die Lücken passen, und tragen sie ein. Jetzt übertragen die Kinder die fett gedruckten Buchstaben der Reihe nach in die Kästchen und ordnen sie anschließend den Zahlen entsprechend.

Lösung
Aufgaben 2 und 3:
Lösungswort: Information

KV Seite 24

Was tun?
Das ganze Kapitel eignet sich zum Lesen mit verteilten Rollen. Im Anschluss daran sammeln die Kinder die Vorschläge zum weiteren Vorgehen aus der Lektüre mündlich und tragen die Gründe für die Ablehnung ein. Schließlich überlegen sie sich eine eigene Idee, was die Kinder tun könnten, und schreiben sie auf.

9. Kapitel: Wer ist hier der Boss?

Inhalt

Die Kinder suchen in der Wernerstraße das Haus, in dem Familie Möbius wohnt. Am letzten Wohnblock entdeckt Fabio das Klingelschild, das Oskar vor lauter Aufregung überlesen hat. Oskar klingelt an der Wohnungstür, ein kleines Mädchen öffnet, erklärt den Kindern, dass ihre Schwester Ilona nicht zu Hause ist, und schlägt die Tür wieder zu. Beim zweiten Versuch erfährt Oskar, dass Ilona bei ihrer Oma ist und erst am nächsten Tag zurückkommt. Die Kleine schlägt sofort wieder die Tür zu. Als sie in der Wohnung noch eine wütende Männerstimme hören, laufen die Kinder schnell die Treppe hinunter.

Bei der Verabredung für den nächsten Tag können sich die Kinder nicht auf einen Zeitpunkt einigen. Die Mädchen erklären Oskar, dass er ihnen keine Befehle zu erteilen hat. Schließlich gehen alle vier nach Hause. Am Abend ruft Oskars Mutter an, um sich zu vergewissern, dass alles in Ordnung ist. Oskar beruhigt sie.

Gesprächsanlass

Jessica und Marina gehen nach Hause. Sprachlos sieht Oskar den beiden hinterher.
- Warum verschlägt es Oskar die Sprache?
- Wie findest du das Verhalten der Mädchen?
- Ist Oskar wirklich der Boss?

Zu den Kopiervorlagen

KV Seite 25

Hier wohnt Familie …
Diese Kopiervorlage dient der Überprüfung des Leseverständnisses und dem genauen Lesen, indem die Schüler die Aussagen der Sätze mit der Lektüre auf den Seiten 59 bis 62 (bis „So schnell wie möglich rannten sie die Treppen runter.") genau vergleichen. Vor richtigen Sätzen kreisen sie die Nummern ein. Anschließend tragen sie die Buchstaben, die hinter den richtigen Sätzen stehen, in die Wohnblockfenster mit den entsprechenden Nummern ein. Als Lösungswort ergibt sich der Familienname „Möbius", der in der Überschrift ergänzt wird.

Lösung
Aufgabe 1:
Die Sätze 2, 5, 10, 14, 15 und 18 sind richtig.

KV Seite 26

Ist Oskar wirklich der Boss?
Die Schüler ergänzen die Sätze, mit denen Jessica und Marina Oskar gehörig die Meinung sagen. Sie tragen die fehlenden Wörter ein, die verpurzelt auf den Notizzetteln stehen. Dann schreiben sie ihre Meinung zu Oskars Verhalten auf.

Lösung
Aufgabe 1:
Befehle – Mutter – Adresse – Brunnenrand – Nachmittag – Überleg – Schreib – Wort

Weiterführende Anregungen

Eine Szene nachspielen
Die folgende Textstelle eignet sich gut für eine szenische Darstellung.

- Lest im Buch die Seiten 61/62 („Ein kleines Mädchen öffnete.“ bis „So schnell wie möglich rannten sie die Treppen runter.“) mit verteilten Rollen.
- Spielt diese Szene nach.

Ein Leporello
Fächerübergreifend erstellen die Schüler im Fach Kunst in Gruppen jeweils ein Bild zu einer Szene dieses Kapitels. Die Bilder werden anschließend in der richtigen Reihenfolge aneinandergeklebt und können auch im Klassenzimmer aufgehängt werden.

1. Bild: Alle vier Kinder stehen suchend vor den Wohnblocks.
2. Bild: Fabio entdeckt das Schild mit dem Namen Möbius.
3. Bild: Ein kleines Mädchen öffnet die Tür.
4. Bild: Die vier Kinder rennen so schnell wie möglich die Treppe hinunter.
5. Bild: Angriffslustig stemmt Jessica die Arme in die Seiten und sagt Oskar die Meinung.
6. Bild: Marina und Jessica gehen eingehakt nach Hause.
7. Bild: Oskar bleibt sprachlos zurück (eventuell Sprechblase: „Spinnen die vielleicht?“).
8. Bild: Oskar zu Hause beim Abendessen und Telefonieren.

10. Kapitel: Ein erfolgloses Gespräch

Inhalt

Am nächsten Nachmittag treffen sich die vier Detektive wieder in der Wernerstraße. Die Streitereien zwischen Oskar und den Mädchen gehen weiter. Die Mädchen sind sich ziemlich sicher, dass Oskar das Armband nicht mehr zurückbekommt, nur Fabio hält noch zu ihm. Oskar klingelt bei Familie Möbius und dieses Mal ist Ilona zu Hause. Als Oskar sie auf den Diebstahl anspricht, wird sie blass und ruft ihren Bruder. Stefan streitet ab, das Geld und das Armband gestohlen zu haben, und knallt die Tür zu. Aus und vorbei – das Armband wird Oskar wohl nie mehr bekommen.

Gesprächsanlässe

Alles ist aus. Das Armband ist verloren.

- Hätte Oskar sich anders verhalten sollen? Warum? Wie?
- Was hätten die anderen Kinder zu dem Gespräch mit Ilonas Bruder beitragen können?
- Wie beurteilst du die Situation? Gibt es deiner Meinung nach jetzt noch eine Chance, das Armband zurückzubekommen? Was würdest du machen?

Oskar wünscht sich weit weg. Nach Amerika, oder besser noch auf den Mond.

- Schau auf dem Globus oder auf einer Landkarte nach, wo Amerika liegt. Sprich dazu.
- Amerika ist ein Kontinent, der aus zwei großen Landflächen besteht. Wie heißen sie? Wie heißen die anderen Kontinente?
- Was weißt du über Amerika? Warst du schon einmal dort? Wo genau? Erzähle.

Zur Kopiervorlage

KV Seite 27

Die Spannung wächst
Aufgrund der angespannten Lage wird der Ton zwischen den Kindern immer gereizter. Als Erstes ordnen die Schüler jedem Adverb das passende Verb zu. Dann werden Oskars Antworten auf die Fragen und Vorschläge der Mädchen ergänzt.

Das Gespräch zwischen den Kindern wird im Anschluss an die Bearbeitung der Kopiervorlage in Gruppen zu je vier Kindern mit verteilten Rollen gelesen, eingeübt und szenisch dargestellt. Dabei sollte die Stimmung der einzelnen Kinder gut zum Ausdruck kommen.

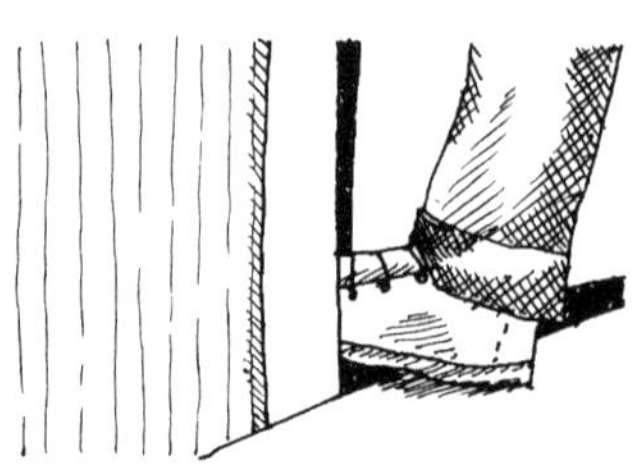

Lösung
spitz fragen; unfreundlich brummen; streng sagen

11. Kapitel: Eine überraschende Wende

Inhalt

Die vier Kinder gehen enttäuscht die Treppe hinunter. Doch plötzlich rennt Marina zur Wohnung zurück und klingelt. Als Stefan öffnet, erklärt Marina ihm, dass er sich soeben selbst verraten hat. Er wusste nämlich, dass es bei dem Diebstahl um Geld und ein goldenes Armband ging, obwohl Oskar beides nicht erwähnt hatte. Stefan versucht sein Verhalten zu rechtfertigen. Auf einmal steht Ilona neben ihm und gibt Oskar das restliche Geld und das Armband zurück. Sie entschuldigt sich, zieht ihren schimpfenden Bruder in den Flur zurück und schließt die Tür.

Oskar freut sich, dass er den Fall gelöst hat. Doch die anderen drei erklären ihm, dass er zu diesem Fall nichts beigetragen hat, außer sich beklauen zu lassen. Er räumt schließlich sein Versagen ein und lädt seine Freunde von dem zurückbekommenen Geld zu einem Himbeereis ein.

Am Abend kommt Katharina Nusspickel nach Hause und freut sich über ihren braven Sohn. Es macht ihr nichts aus, dass er offenbar vergessen hat, das goldene Armband zum Juwelier zu bringen.

Gesprächsanlässe

Marina kann Stefan nachweisen, dass er sich verraten hat.
- Wie überführt Marina ihn?
- Wie versucht Stefan sich herauszureden?
- Spielt die Szene zwischen Stefan und Marina nach.

Ilona gibt Oskar das restliche Geld und das Armband.
- Warum macht sie das wohl?
- Wie findest du ihr Verhalten ihrem Bruder gegenüber?
- Hat sie deiner Meinung nach richtig gehandelt?
- Stell dir vor, Ilona hätte die Dinge Oskar nicht gegeben. Wie hätte der Fall weitergehen können?

„Ich habe den Fall gelöst!“, jubelt Oskar.
- Kannst du dir vorstellen, wie Oskar darauf kommt?
- Schau dir den Titel des Buches noch einmal an. Findest du, dass er passt? Warum?
- Oskar bedankt sich bei den anderen drei, indem er ihnen ein Himbeereis spendiert. Malt als Gruppenarbeit ein passendes Bild dazu. Besprecht, wie ihr das Bild gestalten wollt.

Zu den Kopiervorlagen

KV Seite 28

Der Täter wird entlarvt

In Partner- oder Gruppenarbeit lesen die Schüler nochmals die Seiten 70/71 und finden die Stelle heraus, an der sich Stefan verraten hat. Die folgenden wichtigen Wörter werden unterstrichen: In Oskars Sprechblase „Sachen“ und in Stefans Sprechblase „Geld“ und „goldenes Armband“.

Schließlich kreuzen die Schüler Stefans Aussagen an, mit denen er sich herauszureden versucht. Die Wörter hinter den richtigen Aussagen ergeben ein Sprichwort.

Lösung

Aufgaben 3 und 4:

Lügen haben kurze Beine.

KV Seite 29

Oskar, der Superdetektiv!?

Oskar ist der Meinung, dass er den Fall gelöst hat. Doch Jessica, Marina und Fabio sind anderer Meinung. Die Schüler ordnen den Kindern den passenden Beitrag zur Lösung des Falls zu. Als Nächstes wird Oskars Rolle in diesem Fall genauer untersucht: Die Schüler ergänzen Marinas Meinung und Oskars Ausrede. Schließlich schreiben die Schüler ihre Meinung zu Oskars Rolle auf und begründen sie.

KV Seite 30–32

Ein aufregendes Wochenende

Im Anschluss an die Lektüre können die Kinder ihr Wissen zum Inhalt des Buches bei diesem Würfelspiel unter Beweis stellen. Der Spielplan enthält alle Stationen, die Oskar an dem Wochenende durchläuft, und bietet dazu jeweils ein Ereignisfeld.

Die beiden Seiten des Spielplans werden kopiert und an den Linien zusammengeklebt. Die Fragekarten werden ebenfalls kopiert, zur besseren Haltbarkeit auf Karton geklebt, mit Folie überzogen oder laminiert und ausgeschnitten. Das Blanko-Kärtchen kann für eigene Fragen verwendet werden. Zu Spielbeginn werden die Fragekarten verdeckt auf das Feld auf dem Spielplan gelegt.

Jeder Mitspieler benötigt eine Spielfigur, die auf das Startfeld gestellt wird. Wer die höchste Zahl würfelt beginnt. Wer kommt als Erster ins Ziel?

Oskar allein zu Haus

Hast du das 1. Kapitel aufmerksam gelesen?
Dann findest du sicher die Antworten.

Male die richtigen Buchstaben an.

Oskars Mutter fährt nach
- (B) München.
- (C) Wien.
- (D) Berlin.

Sie fährt zur Hochzeit
- (D) ihrer Schwester.
- (E) ihrer Schulfreundin.
- (F) ihrer Cousine.

Sie schrieb für Oskar
- (T) eine Liste.
- (U) einen Brief.
- (V) eine Notiz.

Oskars Vater ist
- (D) im Urlaub.
- (E) auf Geschäftsreise.
- (F) beim Wandern.

Oskar will sich von dem Geld ... kaufen.
- (H) etwas zum Anziehen
- (R) einige Bücher
- (K) etwas zu essen

Die Mutter schreibt auf die Liste:
- (R) BÜGELEISEN AUSSCHALTEN!!!
- (S) HERDPLATTE AUSSTELLEN!!!
- (T) KEINE ERMITTLUNGEN!!!

Oskars Mutter bleibt mit ... im Stoff hängen.
- (H) ihrem Ohrring
- (I) ihrem Armband
- (K) ihrer Halskette

Oskar soll das Schmuckstück ... bringen.
- (U) ins Kaufhaus
- (V) zum Juwelier
- (W) zum Goldschmied

Trage die angemalten Buchstaben von oben nach unten hier ein.
Du erhältst das Lösungswort.

Lösungswort: ☐☐☐☐☐☐☐☐

Name: ______________

schreiben **lesen** **sprechen** malen rätseln

Sorgen einer Mutter

Oskars Mutter hat kein gutes Gefühl, ihren Sohn allein zu lassen. Sie macht sich viele Gedanken.

Trage die fehlenden Wörter ein.

Du bist viel zu ______________ , um tagelang allein zu sein.

Unternimm keine ______________ , wenn ich nicht zu Hause bin.

Die Wohnung könnte ______________ .

Du könntest vergessen die Herdplatte ______________ .

Strom ist ______________ .

klein

abbrennen

auszustellen

Ermittlungen

gefährlich

Diskutiert darüber, ob die Sorgen der Mutter berechtigt sind.

Welche Sorgen hätten deine Eltern, wenn du allein zu Hause wärst? Frage sie und schreibe auf.

____

____

Name:

Frei wie ein Vogel

Oskar fühlt sich frei wie nie. Was bedeutet für ihn Freiheit?

Schreibe die Sätze fertig. Du findest sie im Buch auf Seite 11.

Niemand ____

____

Niemand ____

____

Niemand ____

____

Trage die fehlenden Wörter ein.

Oskar fuhr auf den [ ][ ][ ][ ][ ][2][ ][ ][ ][ ][ ].

Er wollte seinen Freund [1][ ][ ][ ][ ] zu einem Eis einladen.

Dann radelte er in Richtung [ ][ ][ ][3][ ][ ][ ][ ][ ][ ].

Er blieb vor jedem [ ][ ][5][ ][ ][ ][ ][ ][ ][ ][ ][ ] stehen.

Im Kaufhaus probierte er [ ][ ][ ][8][ ][ ][ ][ ][ ][ ][ ][ ] an.

Dort traf er seine Mitschülerin [ ][ ][ ][ ][7][ ][ ].

Oskar hatte bei seiner Arbeit als Detektiv ihre [ ][4][ ][ ][ ] nicht nötig.

Marina und Jessica hingen wie [ ][ ][6][ ][ ][ ][ ] an Oskar.

Trage die Buchstaben von oben den Nummern entsprechend ein.

Lösungswort: [1][2][3][4][5][6][7][8]

Oskars Knobelaufgabe 1

Oskars Mutter hat 30 Euro in Oskars gelben Geldbeutel gesteckt.
Oskar hat nur Scheine bekommen.

Wie kannst du 30 Euro nur mit Geldscheinen zusammenstellen?
Probiere es mit Spielgeld aus. Findest du alle sechs Möglichkeiten?

20-Euro-Schein	10-Euro-Schein	5-Euro-Schein	
1	1	0	= 30 €
			= 30 €
			= 30 €
			= 30 €
			= 30 €
			= 30 €

Tipp: Im 4. Kapitel erfährst du, welche Scheine Oskar bekommen hat.
Male die passende Zeile in der Tabelle an.

Oskars Knobelaufgabe 2

Oskar findet, dass die Mädchen wie Kletten an ihm hängen.

Was möchte Oskar damit sagen? Male die richtigen Bedeutungen an.

Oskar kann die Mädchen nicht loswerden.	Die Mädchen verfolgen Oskar.
Die Mädchen hängen sich bei Oskar ein.	Die Mädchen lassen sich von Oskar nicht abschütteln.

Welches Adjektiv beschreibt das Verhalten der Mädchen? Kreise ein.

freundlich – gleichgültig – hilfsbereit – aufdringlich – glücklich

Was ist eine Klette? Schau in einem Lexikon oder im Internet nach.
Kreuze die richtige Antwort an.

❏ Ein Pilz. ❏ Eine Pflanze. ❏ Ein Tier.

Name:

schreiben **lesen** sprechen malen rätseln

Zwei Unbekannte

Im Imbiss sind zwei Kinder, die Oskar noch nie gesehen hat.
Was weiß Oskar von den beiden?

Schneide die Kärtchen aus, ordne sie richtig zu und klebe sie auf.

Das Mädchen

Der Junge

… war etwa in Oskars Alter.	… war rothaarig.
… hatte blonde Haare.	… bestellte zweimal Pommes mit Mayonnaise.
… war einen Kopf kleiner als der Junge.	… starrte auf Oskars Euroscheine.
… trug eine verspiegelte Sonnenbrille.	… trug eine himmelblaue Windjacke.
… wurde „Ilona“ genannt.	… griff nach Oskars Jacke.

Name:

schreiben **lesen** sprechen malen rätseln

Was für ein schrecklicher Tag!

Oskar sucht fieberhaft nach seinem Geldbeutel.

Ergänze die Sätze richtig.

Oskar hastet zurück ______________________ .

zum Skaterplatz	ins Kaufhaus	in den Imbiss

Er befragt die Frau ______________________ .

am Tresen	auf dem Marktplatz	, die Flöte spielte

Im Geldbeutel waren noch ______________________ .

30 Euro	24 Euro	15 Euro

Vielleicht hat er das Geld auf dem Weg ______________________ verloren.

nach Hause	zum Kaufhaus	zum Marktplatz

Oskar schaut überall nach, sogar ______________________ .

im Park	im Brunnen	im Mülleimer

Zu Hause fällt Oskar auf, dass auch das Armband seiner Mutter weg ist.
Es ist unersetzlich, da es ein Familienerbstück ist.

Ergänze die Lücken. Lies auf Seite 29 nach.

Oskars Mutter hatte es zur ______________________ von ihrer ______________________ bekommen. Und die hatte es ebenfalls zur ______________________ von ihrer ______________________ bekommen.

Wer hat das Armband zum ersten Mal verschenkt? Kreise ein.

Oskars Oma   Oskars Uroma   Oskars Tante

Name:

schreiben lesen sprechen malen rätseln

Wichtige Telefongespräche

Am Morgen ruft Oskar seine Mutter an. Sie hat keine Zeit für ein langes Gespräch.

Warum? Kreuze richtige Antworten an.

- ❑ Sie muss zu einer Verabredung.
- ❑ Sie muss sich anziehen.
- ❑ Sie muss einkaufen.
- ❑ Sie muss sich frisieren.
- ❑ Sie muss zum Flughafen.
- ❑ Sie muss in zwei Stunden bei der Trauung sein.
- ❑ Sie muss sich schminken.
- ❑ Sie muss ihrer Freundin helfen.

Danach ruft Oskar bei Fabio an. Er ist zunächst böse, weil seine Mutter ihn geweckt hat. Dann interessiert er sich hauptsächlich für ein gutes Frühstück.

Stelle ein Frühstück zusammen, das Fabio begeistern würde. Schreibe auf.

Fabio ruft bei Jessica und Marina an und bittet sie um Hilfe bei ihrem neuen Fall. Als sie eintreffen, nerven sie Oskar mit ihren guten Ratschlägen.

Was meint Marina? Ergänze das Sprichwort.

Ehrlich ______________________________.

Name:

schreiben **lesen** sprechen malen **rätseln**

Sprichwörter und Redewendungen

Alle diese Sprichwörter und Redewendungen handeln von „Ehrlichkeit“ und „Lügen“.

Was bedeuten sie? Verbinde. Tipp: Die Schnittstelle hilft dir.

Ehrlich währt am längsten.	Wer lügt, verliert seine Glaubwürdigkeit.
Lügen haben kurze Beine.	Er lügt ständig, ohne sich Gedanken darüber zu machen.
Wer lügt, der stiehlt.	Es lohnt sich nicht zu lügen, da die Wahrheit doch irgendwann herauskommt.
Wer einmal lügt, dem glaubt man nicht, und wenn er auch die Wahrheit spricht.	Sie hat ihm etwas Unwahres so erzählt, dass er es glaubt.
Er lügt, dass sich die Balken biegen.	Wer lügt, dem kann man auch Schlimmeres zutrauen.
Sie hat ihm einen Bären aufgebunden.	Ehrlichkeit ist auf Dauer am besten.

Name:

schreiben **lesen** sprechen malen **rätseln**

Erste Detektivarbeit

Oskar, Fabio, Jessica und Marina beginnen mit ihrer Arbeit als Detektive.

Trage die fehlenden Wörter in die Sätze ein. Die Silben helfen dir dabei.

BE – BISS – HIR – I – IM – IN – LI – LO – MARKT – NA – NEN – PLATZ – PO – SE – STADT – TÄ – TEN – TER – WEG – WEI – ZEI

( ) Sie vermuten, dass der Junge und das Mädchen die Grundschule am ________ besuchen.

( ) Zuerst gehen sie in den ________.

( ) Doch Oskar hat keine ________.

( ) Sie setzen sich auf den Brunnen am ________.

( ) Fabio möchte zur ________ gehen.

(1) Sie beschließen mit den Fahrrädern in die ________ zu fahren.

( ) Jessica will ihre Cousine Katja anrufen, ob sie eine ________ kennt.

( ) Sie können sich nicht trennen, da nur Oskar weiß, wie die ________ aussehen.

Bringe die Sätze mit Zahlen in die richtige Reihenfolge.

Name:

schreiben lesen **sprechen** malen rätseln

Arbeit über Arbeit

Die Frau im Imbiss hat viel Arbeit. Sie hat keine Zeit, sich ihre Kunden näher anzusehen.

Was tut die Frau im Imbiss den ganzen Tag?
Sprich zu den Bildern und schreibe Sätze.

putzen

zubereiten

kassieren

Auch dein Vater und/oder deine Mutter haben an ihrer Arbeitsstelle viel zu tun.

Frage sie nach ihrer Arbeit und schreibe auf, was sie machen.

Mutter	Vater

Name:

Auf falscher Spur

Jessicas Cousine Katja kennt eine Ilona.

Fülle die Lücken.
Die Spiegelschrift hilft dir.

Das Mädchen heißt
Ilona ______________.
Matzke

Das Mädchen ist ziemlich
__________, ein bisschen
__________ und
______________________.
klein, mollig, schwarzhaarig

Ihre Füße sehen aus
wie zwei rosa
______________________.
Katzen

Das Mädchen wohnt im
______________________ 17.
Gärtnerweg

Die falsche Ilona hat für Oskar eine gute und eine schlechte Nachricht.

Ordne die Wörter und schreibe auf.

Gute Nachricht	Schlechte Nachricht
diese Ilona. Ich kenne	zurück. das Armband nicht du Von kriegst Bruder ihrem

Name: ______________________ **schreiben** lesen sprechen malen **rätseln**

Ilona kann helfen

Ilona Matzke kann die vier Kinder mit wichtigen Informationen versorgen.

Lies die Sätze. Kreuze die passenden Wörter an und setze sie ein.

Ilona ist ________________, so wie ich.

Sie geht in meine ________________.

Stefan ist ein Jahr ________________.

Die beiden wohnen in den Blöcken an der ________________.

Mit Nachnamen heißen sie ________________.

1. ❏ NEUN
   ❏ ZEH**N**
   ❏ EL**F**
2. ❏ TANZGRUPPE
   ❏ CH**O**RGRUPPE
   ❏ KL**A**SSE
3. ❏ JÜNGER
   ❏ Ä L**T**ER
4. ❏ OTT**O**STRASSE
   ❏ FRIEDR**I**CHSTRASSE
   ❏ WE**R**NERSTRASSE
5. ❏ MÖB**I**US
   ❏ **N**USSPICKEL
   ❏ **M**ATZKE

Trage alle fett gedruckten Buchstaben aus Aufgabe 1 von oben nach unten in die Kästchen ein.

☐	☐	☐	☐	☐	☐	☐	☐	☐	☐	☐
2	3	10	7	8	4	1	5	9	11	6

Ordne diese Buchstaben nun nach den Zahlen.

☐	☐	☐	☐	☐	☐	☐	☐	☐	☐	☐
1	2	3	4	5	6	7	8	9	10	11

Name:

schreiben lesen sprechen malen rätseln

Was tun?

Die Kinder überlegen, wie sie Geld und Armband wiederbekommen können.

Ergänze die fehlenden Namen und Aussagen.

	1. Vorschlag von ______ „Wir klingeln bei denen und dann sagen wir, wenn sie das Geld und das Armband nicht freiwillig zurückgeben, reden wir mit ihren Eltern."	Abgelehnt von ______ „Der Vater wird bestimmt wütend, wenn ihr behauptet, ______ ______."
	2. Vorschlag von ______ „Ihr müsst eure Eltern hinschicken."	Abgelehnt von ______ „Unmöglich, meine Mutter ______ ______."
	3. Vorschlag von ______ „Wir könnten ein Haustier als Geisel nehmen."	Abgelehnt von ______ „Die haben ______."
	4. Vorschlag von ______ „Wir könnten in die Wohnung einbrechen oder die kleinen Geschwister entführen."	Abgelehnt von ______ „Wenn du vorhast, etwas Verbotenes zu tun, ______ ______."

Was würdest du tun? Schreibe deinen Vorschlag auf.

______

______

Hier wohnt Familie ________________

Lies die Sätze genau. Kreise die Nummern vor richtigen Sätzen ein.

1. Bis zum Gärtnerweg war es nicht besonders weit. (A)
2. Dort reihte sich ein Wohnblock an den nächsten. (M)
3. Sie wussten die Hausnummer. (Z)
4. Das Unglück ließ sich ein wenig Zeit. (V)
5. Erst am allerletzten Block entdeckten die Jungen den Namen Möbius. (Ö)
6. Oskar entdeckte den Namen. (D)
7. Oskar hatte ihn vor lauter Eile überlesen. (E)
8. Ilona und Stefan Möbius wohnten in der Wernerstraße 21. (K)
9. Sie wohnten im zweiten Stock. (L)
10. An der Wohnungstür drückte Oskar auf den Klingelknopf. (B)
11. Ein großes Mädchen öffnete. (N)
12. Die Große schlug die Tür einfach zu. (O)
13. Aber Marina ließ sich nicht so leicht abwimmeln. (F)
14. Er klingelte wieder. (I)
15. Die Tür wurde unsanft aufgerissen. (U)
16. Sie hörten in der Wohnung eine laute, wütende Frauenstimme. (T)
17. „Der Vater!“, schrie Marina erschrocken. (W)
18. So schnell wie möglich rannten sie die Treppen runter. (S)

Trage die Buchstaben der richtigen Sätze bei den entsprechenden Zahlen im Wohnblock ein.

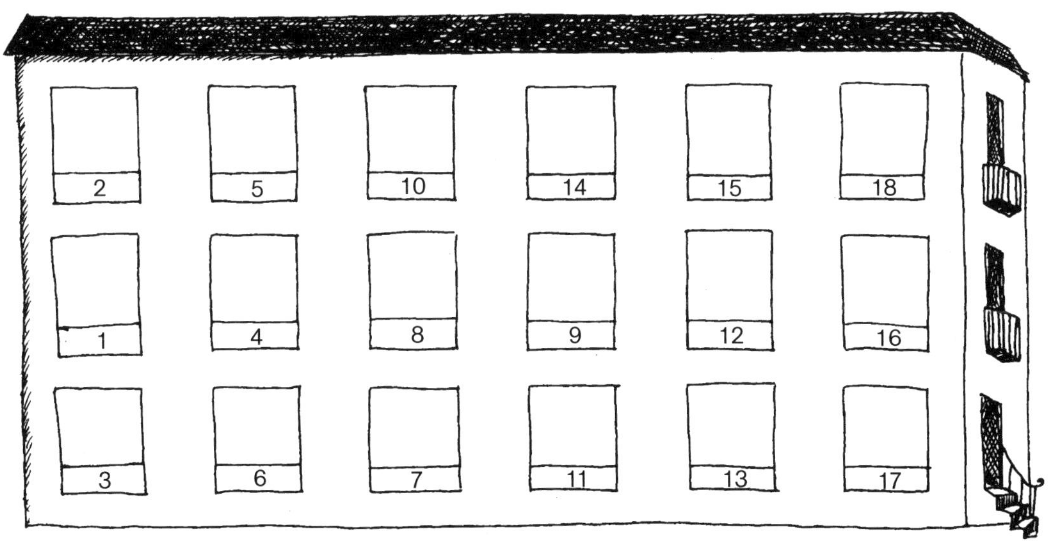

Ergänze das Lösungswort in der Überschrift.

Name:

schreiben lesen sprechen malen **rätseln**

Ist Oskar wirklich der Boss?

Marina und Jessica lassen sich von Oskar nichts vorschreiben.

Trage die fehlenden Wörter ein. Du findest die Buchstaben für die Wörter jeweils auf einem Notizblatt.

So weit kommt es noch, dass du uns ________________ erteilst.
Hättest du auf deine ________________ gehört,
würde es diesen Fall gar nicht geben. Außerdem kannst du froh sein,
dass ich dir die ________________ dieser Ilona besorgt habe.
Sonst würdest du wohl immer noch auf dem
__________________________ hocken.

Wir gehen jetzt. Bis morgen ____________________
um halb drei, du Superdetektiv.
_________________ dir schon mal, was du sagen willst.
_________________ es am besten auf.

Aber schreib nicht wieder nur ein
________________.

tt u e M r

B d nn a e u n r n r

r ss A d e e

B e e e h f l

W o t r

a i tt ch m g N a

Sch b ei r

Ü e g r l e b

Einer kann nur der Boss sein.
Und der bin nun einmal ich.

Findest du es richtig, dass Oskar sich als Boss aufspielt? Begründe deine Meinung.

____

____

____

Die Spannung wächst

Die Kinder kommen mit ihren Ermittlungen nicht weiter. Die Lage ist sehr angespannt.

Immer zwei Wörter gehören zusammen. Lies im Buch nach und verbinde.

spitz ●	● sagen
unfreundlich ●	● fragen
streng ●	● brummen

Die Zankereien zwischen Oskar und den Mädchen gehen weiter.

Was antwortet Oskar den Mädchen? Schreibe auf.

 Jessica fragt spitz: „Ich dachte, ihr wolltet schon heute früh hier sein?“	Oskar brummt unfreundlich: (Seite 67) ___ ___ ___
 Marina macht einen Vorschlag: „Am besten versuchst du es mit der Wahrheit. Du erzählst dieser Ilona die ganze Geschichte. Natürlich musst du freundlich bleiben. Mit ein bisschen Glück gibt sie das Armband freiwillig zurück.“	Oskar ist wütend und meckert: (Seite 68) ___ ___ ___
  Jessica und Marina sind überzeugt: „Oskar kriegt das Armband sicher nicht zurück.“	Oskar wirft Marina einen vernichtenden Blick zu. (Seite 69) ___ ___ ___

Name:

Der Täter wird entlarvt

Marina ist aufgefallen, dass Stefan sich verraten hat. Lies noch einmal im Buch auf den Seiten 70/71 nach.

Was hat Oskar Stefan erzählt? Was hat Stefan gesagt? Schreibe auf.

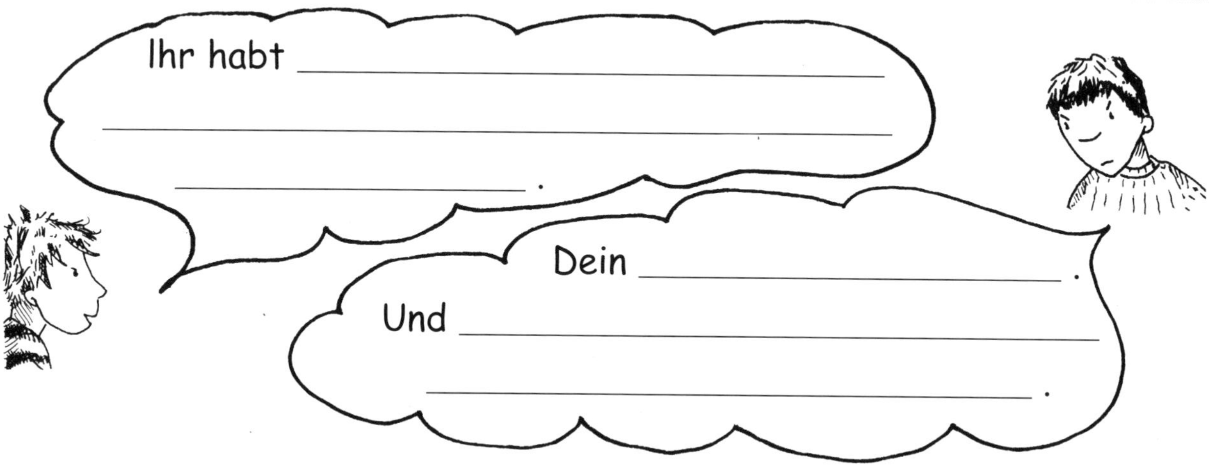

Wodurch hat sich Stefan verraten? Unterstreiche oben farbig.

Stefan ist immer noch der Meinung, dass es in Ordnung war, Oskar zu bestehlen.

Mit welchen Sätzen versucht er sich zu rechtfertigen? Kreuze an.

❑ Der ist doch selbst schuld.	LÜGEN
❑ Es war sowieso nicht richtig.	EHRLICH
❑ Warum wedelst du vor unserer Nase mit den Scheinen rum?	HABEN
❑ Das Mädchen hat recht.	GLAUBT
❑ Es ist gemein.	LANG
❑ Mein Vater ist arbeitslos und wir sind fünf Kinder.	KURZE
❑ Es tut mir leid.	WAHR
❑ Mir steckt keiner Zehneuroscheine zu, damit ich zum Imbiss gehen kann.	BEINE

Lies die Wörter hinter den angekreuzten Sätzen von oben nach unten.
Sie ergeben ein Sprichwort. Schreibe es auf.

____

Name:

schreiben **lesen** sprechen malen rätseln

Oskar, der Superdetektiv!?

„Ich habe den Fall gelöst!“, jubelt Oskar. Drei Augenpaare richten sich auf ihn. Jessica, Marina und Fabio sind da anderer Meinung.

Was haben die Kinder zum Fall beigetragen? Verbinde.

Marina •	• Er hat das Klingelschild entdeckt. Oskar hat den Namen Möbius glatt überlesen.
Jessica •	• Sie hat den Fall gelöst. Wenn sie nicht so gut zugehört hätte …
Fabio •	• Sie hat die Adresse von Ilona Matzke besorgt. Über ihre Cousine Katja.

Und Oskar? Was meint Marina dazu? Lies nach im Buch auf Seite 79.

Mit welcher Ausrede entschuldigt sich Oskar für seine schwache Leistung?

Mit ______________________________

Findest du, dass Oskar ein „Superdetektiv“ ist? Begründe.

Ein aufregendes Wochenende

START

Oskar probiert aus Langeweile alle Skaterschuhe an.
Setze einmal aus.

Oskar stellt fest, dass sein Geldbeutel weg ist. Er hastet zurück zum Imbiss.
Würfle noch einmal.

Oskar ist froh, als der Junge und das Mädchen fort sind. Jetzt kann er in Ruhe essen.
Gehe ein Feld vor.

Fragekarten

Die Frau im Imbiss kann sich an die beiden Kinder nicht erinnern.
Setze einmal aus.

Als Oskar nach Hause kommt, ruft seine Mutter an. Er erzählt ihr, dass alles in Ordnung ist.
Gehe drei Felder zurück.

Ilona ist nicht zu Hause. Die Kinder müssen bis zum nächsten Tag warten.
Setze aus, bis dich ein Mitspieler überholt hat. Spiele in der nächsten Runde weiter, wenn du schon Letzter bist.

Stefan sagt, dass er Oskars Geld und das goldene Armband nicht hat. Oskar ist verzweifelt.
Setze einmal aus.

Marina stellt Stefan noch einmal zur Rede. Oskar bekommt das Armband und das restliche Geld doch von Stefan zurück.
Gehe drei Felder vor.

Die falsche Ilona kann den Kindern wichtige Informationen geben.
Rücke fünf Felder vor.

?	Ziehe eine Fragekarte. Rücke zwei Felder vor, wenn du die Antwort weißt.
(graues Feld)	Führe die Aktion aus, die unter dem Bild steht.

Ein aufregendes Wochenende Fragekarten

Warum reist Oskars Mutter nach Berlin?	Wie heißt Oskar mit Nachnamen?	Warum hat Oskars Vater keine Zeit?
Was schreibt Oskars Mutter als Letztes auf die Liste?	Was soll Oskar mit dem kaputten Armband machen?	Wie viel Geld hat Oskar von seiner Mutter bekommen?
Was macht Oskar aus Langeweile im Kaufhaus?	Wie heißen die beiden Mädchen aus Oskars Klasse?	Wie heißt Oskars bester Freund?
Was kauft sich Oskar im Imbiss zu essen?	Was macht der unbekannte blonde Junge im Imbiss?	Wo und warum bemerkt Oskar, dass sein Geldbeutel weg ist?
Warum ist das Armband für Oskars Mutter so wichtig?	Wen befragt Jessica?	Wie sieht die falsche Ilona aus?
Wie sieht die gesuchte Ilona aus?	Wo wohnen Ilona und Stefan mit ihrer Familie?	Wer öffnet, als Oskar bei Familie Möbius klingelt?
Was isst Oskar das ganze Wochenende?	Wie hat sich Stefan Möbius verraten?	

